AF232226

APPEL

AU BON SENS DU PUBLIC,

PAR UN FRANÇAIS.

Th. V***.

PARIS,

Chez {
A. PIHAN DELAFOREST, Imprimeur, rue des Noyers, n° 37.
DELAFOREST, rue des Filles-St.-Thomas, n° 7.
DELAUNAY, au Palais Royal.

1829.

AVANT-PROPOS.

Non in his depravatis, sed in his
quæ bene secundum naturam se
habent, considerandum est quid sit
naturale.

C'EST pénétré de la justesse de cette
pensée que j'ai pris la plume ; inhabile à
la manier avec art, je n'ai pas la pré-
somption de faire assaut de mérite avec
tous les coryphées de l'opinion de la Jeune-
France. Je sens mon impuissance à faire
briller comme eux toutes les fleurs de la
rhétorique. Je n'aspire qu'à stigmatiser des
abus du sceau du ridicule ; ils distribuent
à leurs adversaires force épigrammes ;
ainsi, je crois pouvoir, sans inconvénient,
leur rendre la monnaie de leur pièce. C'est

parce qu'ils ne dirigent pas toutes leurs actions selon cette pensée que j'ai choisie pour texte, que j'ai pris cette liberté grande, qu'ils pardonnent difficilement à ceux qui ne rendent pas un culte aveugle à leur opinion qu'ils appellent *la reine du monde*. Ils vont ouvrir leurs arsénaux de médisances ; les quolibets, les coups de lancette vont me pleuvoir comme grêle : j'entends le capitaine du *Corsaire* ordonner le branle-bas ; en un mot, toute l'artillerie légère de la grande armée jacobine se mettre en mouvement.

Allons, Messieurs, évertuez-vous..... je vous attends de pied ferme.... tous contre moi.... je suis certain de succomber.... je n'en rappellerai pas en cour de cassation, du jugement que vous allez prononcer. Je m'en référerai seulement au bon sens public, sorte de magistrature que vous semblez dédaigner.

On aurait grand tort de m'attribuer l'intention d'avoir voulu, chose qu'on ne manquera pas de dire, deverser un dédain aristocratique sur des honnêtes familles industrielles en ridiculisant l'état honorable qu'elles exercent dans la société... Non, telle n'est pas ma pensée, et je ne l'aurai jamais.... je respecte toutes les opinions, quand elles se renferment dans le bien. D'ailleurs, les honnêtes pères de famille qui exercent avec dignité leur état, quel qu'il soit, méritent à trop juste titre l'estime public; et ce serait s'attirer un blâme bien mérité, que de vouloir mésagir à leur égard. Tout personnalité est loin de ma pensée.

Je n'enveloppe pas tous les journaux dans la même accusation; je ne veux signaler que les brouillons, organes du trouble et de la discorde.

Pour messieurs les libraires, comme

moi, ils doivent voir avec peine, leur belle profession ravalée par les hommes dont les actions sont presque ridicules.

Enfin, sans autre préambule, j'en appelle encore une fois au bon sens public.

Soit donc, à bon entendeur,

salut,

TH. V***.

APPEL

AU BON SENS DU PUBLIC.

L'opinion, crie-t-on sur les toits, est la *reine du monde*. Voilà certainement un beau thême de déclamation. A l'œuvre, messieurs les journalistes, messieurs les libraires. Heureux mortels, vous êtes tous dans l'âge d'or!.... Dites blanc, dites noir, à vous permis de spéculer sur la toison de ces pauvres moutons, qui bénévolement veulent bien se faire tondre. Vous voilà, de par vous-mêmes, déclarés les *rois du monde*.

Vous permettrez cependant de contester votre légitimité. Vous n'aimez pas, dites-vous, les *rois absolus* ; ainsi, je ne pense pas qu'élevés à l'honneur de gouverner l'univers, vous ayez l'idée, en les imitant, de prétendre prononcer en dernier ressort.

Cependant, nous avons tous souvenance d'un gouvernement peu paternel de certains potentats créés aussi, disait-on, par l'*opinion*, et leurs actes, en grande contradiction avec leurs paroles, se ressentirent de l'élection de cette *royauté* capricieuse.

Passons l'éponge sur ce tableau obscène, véritables ombres chinoises, qui nous ont fait voir en raccourci les Brutus, les Mucius Scevola, les Gracchus, tous ces héros de l'antiquité dont nous ne contestons pas la gloire; mais convenez que vous l'avez ternie par une parodie fort burlesque.

Leurs ombres ont tressailli d'indignation en apprenant tous les hauts faits de leurs imitateurs qui, prétendant régenter le monde, n'ont pas su se gouverner eux-mêmes.

Néanmoins, on ne peut leur nier une certaine fidélité : *le primò mihi* a dominé dans toutes leurs actions; ils ont été bien jugés par leur maître, qui se connaissait en hommes, et le *sénat conservateur* nous les a conservés intacts, à quelques exceptions près; ils ont abdiqué leurs noms romains pour reprendre ceux de leurs pères, avec une addition de titres, futilités.... qu'ils ont dédaignées jusqu'au moment où ils ont pu, comme le geai, se parer des plumes du paon. Maintenant ils se pavanent à la barbe de ceux pour lesquels ils avaient façonné un beau jour une opinion, et pour le bonheur desquels, disaient-ils à tue-tête, ils avaient établi une république, une et indivisible, qu'ils ont su fort bien diviser à leur profit.

Je vous entends me crier que *les jours se suivent et ne se ressemblent pas*, d'accord ; mais les hommes sont toujours à peu près les mêmes. L'ambition, l'intérêt, seront, en tout temps, les grands mobiles de leurs actions ; par eux, Messieurs, vous faites de l'opinion, que vous nommez pompeusement *la reine du monde* ; vous savez fort bien faire étalage de ce talisman magique, mais vous avez grand soin de cacher le revers de la médaille. Nous l'avons vu ce revers ; il nous a coûté cher pour le voir !.... Trouvez bon que maintenant nos goûts pour ce genre de spectacle suivent la variante des idées que vous forgez chaque jour pour le *bonheur des peuples*, et soyez accessibles à la demande que nous vous faisons de nous épargner une répétition de ce drame sanglant.

Epuisez, messieurs les journalistes, le catalogue des épithètes que vous prodiguez si généreusement à ceux qui ne regardent pas vos oracles comme paroles d'Évangile.

C'est un jésuite..... un apostolique..... un

chouan. Courage !..... Ne vous arrêtez pas en si beau chemin.

C'est, dira *la Jeune-France*, une tête à perruque, encroûtée de vieilles idées, qui se repaît des illusions d'un passé qui n'est plus rien pour nous autres.... Jeunesse pensante.... agissante, l'espoir des siècles futurs.

Non...., Messieurs, je ne suis pas une tête à perruque, je fais comme vous partie de la jeune France ; mais je ne rejette pas aussi audacieusement que vous toutes les idées de nos pères ; je professe un très grand respect pour la vieillesse, parce qu'elle pratique la meilleure philosophie, celle de l'expérience.

Ne soyez pas assez présomptueux pour rayer d'un trait de plume des noms célèbres qui honoreront toujours la France.

Daignez nous permettre de croire que nos ancêtres méritent quelques éloges. Bossuet, Fénélon, ont proclamé toutes ces belles pensées qui peuvent seules maintenir la société sur des bases solides, principes que vous dénaturez en les envenimant d'un prisme illusoire, en les séparant de ces croyances sacrées dans lesquelles repose le véritable bonheur des peuples.

C'est du point de départ qu'il faut juger l'opinion, *cette reine du monde*. C'est dans les limites d'une raison éclairée sur les véritables intérêts de la société, qu'il faut chercher ces inspirations divines qui honorent l'humanité; repousser tous ces moyens propres à agiter les passions; ne pas leur présenter, comme une amorce trompeuse, toutes ces utopies, fruit de l'erreur; car, en partant d'un point faux, tout raisonnement devient absurde.

Tous ces antagonistes du passé prennent leur point d'appui dans des petites et misérables passions; léviers puissans pour ébranler les masses.

Hélas! nous ne connaissons que trop leur savoir-faire en ce genre.

Peuvent-ils prétendre élever un édifice sur de l'argile?

Nous avons, disent-ils, l'expérience du passé. Autrefois, ne teniez-vous pas le même langage? Marius, Sylla, n'étaient-ils pas des exemples frappans?

Gardiens de la digue établie pour préserver la société, vous avez donné issue au mal, et le mal nous a débordé; votre volonté est devenue impuissante : entraînés par le torrent, vous eussiez tous péri, si une main ferme et habile ne s'était pas emparée du gouvernail; ce pilote expérimenté prit pour diriger sa course cette boussole que vous aviez anéantie dans la tempête; il mit le doigt sur la plaie, et la religion vint rendre à notre malheureux pays le repos qu'il avait perdu. L'ordre fut rétabli, et la Providence acheva de compléter l'œuvre, en rendant le trône à cette famille auguste, dont la présence assure notre bonheur; la légitimité étant un principe sacré pour le repos des peuples.

Un roi généreux étudia le passé et le présent, afin d'assurer le bonheur de sa patrie; c'est dans cette pensée qu'il octroya la Charte. Un serment solennel en assure le maintien. Interprétons cette loi fondamentale de l'État dans l'esprit qui l'a dictée.

La pensée du roi législateur était toute d'amour pour le bien de ses enfans; ce cœur royal ne battait que pour de nobles émotions. Il était loin de son esprit de faire de cet œuvre immortel un *Janus*, un véritable *cheval de Troie*.

Quel est l'acte de bien que la méchanceté ne cherche pas à dénaturer?

Il y a toujours des paroles pour expliquer des paroles.

Ainsi, laissons le champ libre aux pervers pour torturer à leur guise la pensée royale.

C'est pour le bonheur de son peuple qu'il l'a conçue; les vertus de son bien aimé successeur nous en assurent l'exécution. Reposons-nous sur sa sagesse : animé des mêmes sentimens qui ont dicté à son auguste frère cet acte émanant de sa propre volonté par un élan de générosité et d'amour pour son peuple ; de plus, éclairé par l'expérience, il saura maintenir par des modifications nécessaires l'équilibre d'un pouvoir légitime, que le génie du mal cherche à ébranler.

Je reviens à vous, messieurs les rois du monde, faiseurs d'opinion, bien entendu pour ceux qui aiment par nature à en trouver une toute faite.

Où voulez-vous en venir ?

A remplir tous vos coffres-forts, toujours pour le plus grand bien du peuple, en débitant force injures aux gens qui ne font pas chorus avec vous. Au fait, calomniez, la calomnie, par le temps qui court, est une mine industrielle à exploiter comme une autre, et même très productive : demandez plutôt à votre confrère *le Figaro ;* c'est un habile en son genre.

Bien, Messieurs, jetez de la poudre aux yeux à tous ceux qui ont la patience de vous écouter, et que vous leurrez d'illusions ; plus vous réussirez à en aveugler, plus vous aurez

d'adorateurs. Proclamez des principes d'humanité, de philantropie, d'égalité, à la face de
tous vos prôneurs, qui courront risque, lors-
que vous serez rendus à vos fins, d'être ren-
versés par vos équipages; bien heureux, en se
plaignant, de ne pas recevoir, de ces modernes
Cincinnatus, quelques coups de cravache.

Nous connaissons messieurs tel et tel, divi-
nités de la jeune France, qui ne le cèdent ni
en morgue, ni en arrogance, au marquis de
Carabas.

Prenez donc pour argent comptant toutes
leurs sornettes !.....

Je vous engage, messieurs les novateurs, à
vous ingénier à créer du nouveau. Tous les
grands mots que vous débitez depuis quelques
trente ans, commencent à fatiguer le parterre.

Votre théâtre tombe en ruine, le public a
pénétré dans les coulisses, le masque vermoulu
dont vous vous couvriez le visage est tombé :
on sait quel fonds faire sur votre beau patriotisme; nous savons que votre zèle pour le bien
public augmente à chaque abonné qui vous
arrive.

Disons un mot de vos paillasses : ce sont tous
ces vendeurs de livres, distributeurs d'in-12,
qui, après le commandement, font feu de

toutes parts comme des aveugles : ces nouveaux Don Quichotte s'agitent pour combattre des fantômes imaginaires. Il est cependant un fait incontestable, c'est qu'on ne peut pas leur reprocher de tirer leur poudre aux moineaux.

Ils font la chasse aux écus; et pour cette chasse ils ont la vue très claire. Voilà l'énigme de leurs pasquinades. Il leur en faut, coûte qui coûte. Voici le dialogue à l'ordre du jour chez ces exploiteurs de scandale à la mode.

Monsieur le matador se prélasse dans sa boutique... Ah ! pardon de l'expression ; ce mot sent l'ancien temps ; mettons-nous à la hauteur de l'esprit du siècle. Dirai-je *bazar public ? cabinet de littérature ?...* Non... je crains de de faire un contre-sens. Que leur importe la littérature ? La plupart de ces propagateurs des lumières du siècle géant ne connaissent pas autrement que de nom cette prostituée... Je dis donc qu'il se prélasse dans son fauteuil (il donne audience à ceux qui lui apportent des manuscrits).

« Voyons, dit-il nonchalamment, que m'apportez-vous là ? — Monsieur, c'est un recueil de contes moraux. — Que disent ces contes, parlent-ils des ministres, des jésuites ? — Monsieur, c'est un ouvrage destiné à l'instruction de la jeunesse. —Que dites-vous?... ouvrage moral... vous plaisantez, sans doute... il s'agit bien de cela ! — Mais, monsieur, si vous vouliez les lire, peut-être... — Pour qui me prenez-vous? je ne lis jamais de contes moraux,.. Vous n'avez que cela à me présenter? Mon cher, nous ne ferons pas d'affaires ensemble... écrivez sur les ministres; dites que MM. tel et tel sont des hommes sans honneur, sans foi,.. — Monsieur , est-il permis de calomnier des hommes de bien ? — Dites toujours.., ces livres sont notre meilleure littérature; ils rapportent 3oo pour 1oo. Mon patriotisme ne me permet pas de publier d'autres ouvrages. — Eh bien! Monsieur, tout s'arrangera pour le mieux. Je vais chez un de vos confrères., moins patriote que vous, mais plus scrupuleux sur le point d'honneur qui, maintenant sa dignité d'homme, ne spéculera pas sur la calomnie et lira des contes moraux. — C'est un jésuite. » Refrain obligé, car tout son savoir se renferme dans ces sept lettres.

Voilà donc les organes de cette opinion *prétendue reine du monde!*... Grand Dieu ! où en sommes-nous?... Le beau siècle des lumières ressemble beaucoup aux temps de barbarie.

Ce n'est pas tout. Parlons de ces lazarites,

gent moutonnière, marionnettes politiques que font mouvoir les patriarches *de l'indépendance*. Tous ces honnêtes industriels, débitant bonnets de coton et jouets d'enfans , vendant avec autant de plaisir tous les rois absolus et constitutionnels du globe, c'est-à-dire leur effigie en sucre. Ils ne connaissent tous ces potentats que le soir en faisant une addition ; ce chiffre est pour eux toute l'histoire des gouvernemens.

« Bonjour, monsieur Jourdan. — Votre serviteur, monsieur ; à qui ai-je l'honneur de parler ? — Je suis M. B. , votre voisin. — Ah ! fort bien. Monsieur veut sans doute faire des emplettes ? — Non pas précisément aujourd'hui ; plus tard... Comment vont les affaires ? très mal , n'est-ce pas ? — M. Jourdan. Oui , monsieur, fort mal. — Ah ! ça ira toujours de mal en pis, tant que les ministres , les jésuites... — Vous m'effrayez, monsieur. — Oui, M. Jourdan, ils ne favoriseront point l'industrie, ni le progrès des lumières. — Comment, ils en veulent aussi à l'éclairage du gaz hydrogène ? — Je parle de l'instruction. — Fort bien. Que faudra-t-il donc faire pour écarter ce fléau qui nous menace ? — Vous êtes électeur. — Oui. — Eh bien ! il faut montrer votre patriotisme en donnant votre voix à un homme d'une opinion libérale.—Ensuite?—Une bonne élection nous amènera une chambre ennemie des jésuites. De là un ministre qui favorisera le commerce en ouvrant des canaux. — C'est cela... Notre commerce manque de débouché... Des canaux, des canaux sur toute la terre !... alors la consommation augmentera ; les affaires marcheront. On devrait bien tâcher de nous en ouvrir un comme celui de Constantinople, on dit qu'il est fort beau. — M. B. se pinçant les lèvres pour ne pas éclater de rire : On verra... Il ne faut pas désespérer qu'on en ouvrira un qui fera le tour du monde. Maintenant, songeons à une bonne élection ; c'est l'essentiel. Il faut, M. Jourdan, donner votre voix à M. F.—M. F. ? c'est donc un bon, celui-là ? — Oh ! un fameux. — Eh bien ! veuillez me donner ce nom par écrit, car il m'est inconnu ; je pourrais l'oublier. — Le voilà. Au revoir M. Jourdan. — M. J. se frottant les mains d'aise. Nous nous reverrons le jour de la grande bataille. — S'il est nommé, nous lui recommanderons les canaux.

Quelle pétaudière que la cour de la *reine du monde !* c'est donc en soulevant les petites passions que l'on nous creuse un abîme qui engloutira ces victimes, aveugles instrumens du mal, sous les pas desquelles on sème des roses ! Que l'on me cite une époque à laquelle on ait entendu un concert unanime sur la prospérité commerciale.

J'ai étudié les mœurs de cette classe avec laquelle j'ai vécu plusieurs années ; toujours même plainte.... une idée fixe.... l'intérêt.... chez la majeure partie les idées ne franchissent pas ce cercle étroit. Je n'entends par intérêt qu'une ambition démesurée d'amasser, souvent même *per fas et nefas.*

Nous sommes tous portés par notre nature à chercher à améliorer notre existence ; mais ce désir ne doit pas dépasser les limites de la raison. C'est dans ce sens que je prie d'interpréter mon opinion. Je ne prétends pas dire qu'il faudrait que le pays ne fût habité que par des Diogènes.

Je n'entends parler que des abus où peuvent nous conduire nos habitudes, et ils sont nombreux dans l'arène où nous sommes descendus.

Le repos, un gouvernement stable qu'on ne peut obtenir que par la légitimité, tels sont les premiers élémens propres à faire fleurir le commerce.

A l'exemple du passé, ajoutons le tableau sinistre que nous offrent les nouveaux États d'Amérique. La *reine du monde* y fait sentir sa verge de fer. Adieu les bonnets de coton et les bustes en sucre ; ils courent un grand danger dans ces états-modèles où l'on enfonce les magasins à coups de canon.

On peut affirmer sans crainte d'être démenti que cet acte, tant soit peu conquérant, devrait ralentir l'ardeur de nos industriels à vouloir un pareil débouché.

Peut-être leur dira-t-on qu'il y a dans cette mesure un but politique, celui d'augmenter la consommation afin de favoriser l'industrie. Je laisse à d'autres le soin d'aborder cette question.

J'en appelle à la raison des hommes sensés ; aux véritables amis de l'ordre. Qu'ils écartent les cendres trompeuses sur lesquelles on les fait marcher ; elles couvrent des charbons ardens, véritable feu grégeois qu'ils allument par ces mêmes moyens qu'on leur dit propres à l'éteindre.

Un roi immortel leur a donné le repos. Qu'ils s'abandonnent à la bonté d'un prince, véritable modèle de franchise et de loyauté ; il saura écarter le bandeau qui leur couvre la vue, et leur montrera leurs véritables amis.

Qu'ils méditent sérieusement la fable des *grenouilles qui demandent un roi.*

Je me suis armé du fouet de la satire pour

signaler des abus qui ne sont rien moins que risibles ; mais en France la gaîté, au milieu des plus grands dangers, a toujours signalé le peuple le plus aimable, prompt à saisir toutes les inspirations du bien ; facile à égarer par la légèreté de son caractère ; marchant au combat en chantant, ce qui me semble préférable que de faire la guerre en tapinois.

Tous ces Titans de l'opinion-modèle dispensent à leurs adversaires tous les ridicules imaginables ; à les entendre, ils ont seuls le monopole de l'esprit, nous le leur adjugeons puisqu'ils le veulent ; au moins que par reconnaissance il nous accordent le bon sens qui, je crois, est moins susceptible de conduire à l'erreur.

Après avoir ri, tàchons de prendre notre sérieux et d'examiner, dans tous ses replis, cette hydre qui nous menace de ses dents meurtrières. Il faut frapper juste pour l'abattre. Qu'on lui tranche une tête, c'est une caresse pour lui, il en a bientôt une nouvelle. Il faut donc lui porter un coup d'une main bien assurée, et qui puisse nous préserver des dangers de sa nature.

Que doivent penser de nous les autres peuples en nous voyant harcelés par un pareil dévergondage constitutionnel ?

Peuvent-ils reconnaître ces Français dont la politesse autrefois était presque passée en proverbe? Que doit-on penser de la marche du siècle qui s'avance à pas de géant vers la perfection? Oui, je le crois, mais c'est vers la perfection du mal. Foulant aux pieds toutes les convenances, abordant sans examen les questions les plus délicates qui touchent à l'honneur des familles, se jouant de tout, agitant dans les carrefours les questions qu'on ne doit discuter qu'avec respect. Car, je le répète, sans croyances, plus de société.

Ah! messieurs les flatteurs de la jeunesse pensante, agissante, vous feriez bien de prier vos élèves de penser et d'agir avec plus de discernement.

Le plaisir de faire en aveugle de l'esprit dans les journaux, à la police correctionnelle, leur fait briguer l'honneur d'une séance sur la sellette. Le palais de justice est pour eux l'Eldorado. L'un de ces matins, l'académie sera forcée d'y envoyer une députation pour décerner une couronne poétique à ces lauréats d'une nouvelle espèce.

Peut-on espérer de mettre fin à toutes ces saturnales par des condamnations impuissantes? Il est notoire que l'industrie écrivassière spécule sur un bon jugement pour obtenir , suivant l'idée du jour, une popularité , et souvent une souscription vient attester leur talent commercial.

A en juger par tout ce qui se passe, on est porté à croire que l'esprit est une invention infernale, puisqu'il tend à tout détruire.

Il faut se rassurer, ne pas se laisser entraîner par un engouement déraisonnable; le tout est d'arriver aux moyens de rétablir l'ordre, en assignant à chacun les limites où il doit se maintenir, puisque tout prouve que, malgré la marche rapide du siècle, nous ne sommes que de grands enfans qui marcheront difficilement sans lisière.

Ce qui doit le plus profondément affliger les gens de bien, c'est de voir ces hommes, dont le talent et le génie ont rendu des services importans à la monarchie, se laisser entraîner par la force magique de cet esprit novateur qui les encense pour les conduire à leur perte; semblables à ces victimes anciennes destinées aux sacrifices, que l'on couvrait de fleurs et de bandelettes. O amour - propre ! où peux-tu ne pas conduire les hommes ? A tout le mal possible; pouvons-nous en douter?

Ne voyons-nous pas un homme dont le plus

beau titre de gloire remonte à une époque de sinistre mémoire. Il ne voulut pas alors s'allier avec les bourreaux d'un prince magnanime. Eh bien! comment expliquer par quel vertige il se précipite aujourd'hui dans les bras de ceux qui n'hésitent point à exalter publiquement les vertus civiques de ceux qui se sont couverts du sang de nos rois.

Dans un tel chaos, nous ne pouvons qu'en appeler à la prudence de ceux que le Roi honore de sa confiance. C'est de l'examen de ces faits trop réels, que je me suis efforcé d'esquisser, que doivent surgir des actes qui attéreront leurs ennemis en rompant le charme dont ils enveloppent des hommes de bien, des actes qui donneront un démenti formel aux calomnies dont on les abreuve.

Tous ces prophètes de l'opinion libérale ont annoncé le mal; c'est en faisant le bien que toute leur fantasmagorie dévoilée désenchantera les dupes de leurs intrigues.

C'est là tout notre espoir; s'il nous manquait, il ne nous resterait plus qu'à imiter César lorsqu'il aperçut Brutus au nombre de ses assassins.

A. PIHAN DELAFOREST

IMPRIM. DE M. LE DAUPHIN ET DE LA COUR DE CASSATION, Rue des Noyers, 37.